AF242579

LES NAPOLÉONIDES,

OU

LES FORFANTERIES

POLITIQUES ET MILITAIRES

DE BUONAPARTE,

Depuis sa fuite d'Egypte jusqu'au traité de sa translation dans l'île d'Elbe, ratifié par les Puissances coalisées, et échangé à Paris dans les premiers jours du mois d'avril 1814.

A PARIS,

CHEZ **CHARLES**, IMPRIMEUR, RUE DAUPHINE, N° 36.

1814.

LES NAPOLÉONIDES,

ou

LES FORFANTERIES

POLITIQUES ET MILITAIRES

DE

BUONAPARTE.

PREMIÈRE SECTION.

Une longue série d'événemens politiques semblait avoir préparé en France les voies salutaires aux princes de la maison de Bourbon, pour y rétablir leurs droits au trône, et reprendre les rênes du Gouvernement monarchique.

En 1798, Buonaparte commandait l'expédition infructueuse d'Egypte; la République, ou plutôt le Quintumvirat directorial était paralysé; chaque directeur n'était plus qu'un chef de parti, entre les mains duquel le pouvoir était nul; les conseils représentatifs étaient dégénérés en assemblées inutiles et onéreuses; chacun de leurs membres, ne s'occupant que de ses intérêts propres, disputait sur les mots, et les choses étaient oubliées.

La marine française venait d'être anéantie dans le combat d'Aboukir; les dilapidations de tout genre avaient désorganisé insensiblement les armées, et jamais la France n'avait éprouvé un relâchement aussi funeste dans toutes les parties de son administration, lorsque le ministère de la guerre fut remis entre les mains du général Bernadote. Son génie et ses talens, comme militaire, comme politique et comme administrateur, la franchise de son caractère et la solidité de ses vues (1), avaient balancé, et presqu'effacé, dans tous les bons esprits, le faux éclat de la renommée de Buonaparte. Ce ministre sauva les armées et la gloire de la France.

Pendant deux mois de la plus pénible administration, l'abondance du matériel, les renforts

____

(1) Dans une lettre du prince royal de Suède à l'Empereur des Français, écrite de Stockholm, le 23 mars 1813, on trouve tout entier le grand caractère de ce héros, à qui la Providence réservait les plus hautes destinées.

et la meilleure discipline recréèrent toutes les forces, et les consolidèrent sur le pied le plus respectable.

Le duc d'Enghien, qui, du fond de sa retraite, observait soigneusement toutes les phases de la révolution, ayant jugé qu'à cette époque l'état des choses offrait une chance favorable au renversement du système républicain, eut le courage d'entrer secrètement dans la capitale, pour tenter de rassembler le parti du Roi, et de saisir l'occasion de relever la monarchie. Il fit instruire le ministre de la guerre, par un ami commun, de son séjour à Paris, et lui fit offrir l'épée de connétable, s'il voulait rétablir les Bourbons sur le trône. Le général, ne jugeant pas le moment aussi favorable qu'il avait paru au prince, lui fit répondre que son honneur le liant à la volonté de la nation française, il ne pouvait servir la cause des Bourbons ; mais que n'ayant jamais abusé de la confiance d'un homme quelconque, il ne trahirait point celle dont le descendant d'un héros lui donnait la marque la plus signalée. « Que le duc d'Enghien parte donc à l'instant, ajouta-t-il, car son secret en trois jours ne pourrait plus être le mien, et je le devrais à la patrie. »

Quel contraste entre cette conduite généreuse et la barbarie que Buonaparte a déployée par la suite contre ce prince infortuné ! ! ! Faut-il s'en étonner? Le général ministre avait puisé la vie dans le berceau d'Henri IV, et l'autre, dans une île lointaine, chez un peuple cruel et vindicatif.

Nous ignorons si cette anecdote ne fut pas le vrai motif du changement subit qui s'opéra dans le ministère de la guerre. Le général Bernadote fut remplacé au moment où, par des réformes salutaires, des opérations et des soins actifs, il venait de préparer les victoires subséquentes des armées françaises. Le retour de Buonaparte, ou plutôt sa fuite d'Egypte à Paris, fit croire de bonne foi à beaucoup de personnes, fatiguées par l'anarchie, que cet homme pouvait rétablir l'ordre et le repos dans l'intérieur; mais les chefs, timides ou ineptes, qui gouvernaient la République, sentant échapper de leurs mains les rênes de l'Etat, le considérèrent plutôt comme un point de ralliement que leur présentait la fortune. Buonaparte, renommé par des succès militaires, qu'il faisait préconiser par son parti, par son caractère audacieux et entreprenant, et par une grande activité d'exécution, leur parut seul capable de se charger du fardeau de toutes les responsabilités, et tout à la fois de repousser un ennemi victorieux, de leur conserver des pouvoirs, des richesses et des grandeurs, en changeant, de concert avec eux, la forme d'un gouvernement trop assujéti aux vacillations, et qui était tombé dans le mépris.

Mais avant de parler de l'élévation de Buona-parte, il est essentiel d'examiner l'état politique de l'Europe, à l'époque de son retour d'Egypte, et de connaître les événemens antérieurs qui avaient amené le nouveau système continental. Cet examen pourra démontrer que cet étranger s'est emparé du trône de France, dans les circonstances les plus favorables, pour réparer tous les maux qu'avait produits l'anarchie, et pour en assurer la couronne à sa dynastie, s'il eût été aussi libéral, aussi grand dans sa politique, qu'il s'est efforcé de vouloir le persuader par ses jactances continuelles.

La coalition, provoquée contre la France par ses excès révolutionnaires, s'était dissipée sans avoir produit d'autre effet que l'affermissement des opinions républicaines. La Prusse avait rétabli le repos du nord de l'Allemagne par une ligne de neutralité. La Hollande avait reçu la nouvelle forme de gouvernement, et les conditions de paix que la France lui avait imposées.

Les Deux-Siciles et la Sardaigne avaient fait leur paix séparée, et l'Espagne avait renouvelé son traité d'alliance avec la France ; plusieurs princes d'Allemagne avaient transigé pour acheter leur tranquillité. En 1797, il ne restait plus d'ennemis aux Français que l'Angleterre, qui négociait sa paix, et l'Autriche, qui signa la sienne par le traité de Campo-Formio.

La République n'eut jamais une époque aussi favorable pour affermir son gouvernement, et consolider pour long-temps une paix réparatrice ; mais c'est le sort des grandes nations, qui adoptent ces sortes de gouvernemens, d'être sans cesse agitées par des factions, et d'être forcées, pour ainsi dire, de porter la guerre au dehors, pour obtenir quelques instans de paix intérieure.

C'est la cathégorie dans laquelle se trouvait le directoire : pour se rendre aux décisions des conseils, il attaqua la Suisse, que les comités révolutionnaires de Robesbierre avaient respectée ; il chassa le roi de Sardaigne de ses Etats du continent ; il fit traduire le Pape captif à Valence ; il mit en fuite la cour de Naples, et forma diverses républiques de toute l'Italie : enfin, ce fut alors que Buonaparte fut chargé de cette singulière tentative, connue sous le nom d'expédition d'Egypte, dont le vrai but fut un mystère, même pour les Français qui devaient y figurer (1).

Ces envahissemens successifs dans une seule armée, et cette expédition extraordinaire, donnèrent l'éveil à toutes les puissances de l'Europe. L'Angleterre retira ses plénipotentiaires du congrès de Rastadt, et ne songea plus qu'à diriger des forces de terre et de mer contre l'armée navale et les troupes destinées à l'invasion de l'Egypte, et en même temps intrigua auprès de la Porte-Ottomane pour l'engager à prendre les armes.

Le cabinet de Saint-James soupçonna deux motifs dans ce projet, également nuisibles au commerce maritime d'Angleterre; 1°. la conquête des Etats du Grand-Seigneur ; 2°. une irruption dans l'Inde, pour y détruire les comptoirs anglais, par la réunion des troupes françaises à celles de Typpo-Saïb.

Les préparatifs extraordinaires (2) et les dé-

____

(1) Ce fut un prétexte dont le directoire, qui redoutait déjà l'ambition de Buonaparte, se servit pour l'écarter du foyer de ses intrigues.

(2) Quelques cerveaux exaltés avaient ressuscité un

penses énormes qu'on appliqua à cette expédition, lui donnèrent d'avance une célébrité, que
le nom et la fortune apparente de Buonaparte
semblaient présager, mais que les événemens
furent bien loin de justifier. En effet, le résultat

---

ancien projet qui avait été proposé, il y a environ trente-
six ans, et rejeté comme impraticable; c'était la jonction
de la mer Rouge à la Méditerranée, en coupant l'Isthme
de Suez, et le rétablissement d'un très-ancien canal qui
conduisait autrefois les productions de l'Inde dans le Nil
par le golfe d'Arabie. Buonaparte, qui ne doutait de
rien, se cloua ce projet dans la tête, en engoua le directoire, qui, le craignant plus qu'il ne l'aimait, lui accorda
tout ce qu'il voulut, pour l'écarter de France, et s'en
débarrasser.

On rassembla donc à cet effet une armée de vingt-deux
mille hommes et une flotte de vingt-neuf vaisseaux de
guerre de diverses grandeurs, et quatre cents vaisseaux de
transport, une trentaine de savans, trois cents géographes,
et six mille artistes et ouvriers dans tous les genres, avec
une prodigieuse quantité d'instrumens de tous arts et
métiers, et de munitions de guerre, d'artillerie de
siége, etc., etc. : on aurait dit qu'il s'agissait de peupler
et civiliser une nouvelle partie du monde récemment dé-
couverte. Les lecteurs curieux de tous ces détails les trouveront dans un ouvrage intitulé : *Observations sur l'expédition du général Buonaparte dans le Levant, etc.*
Traduit de l'anglais. Paris. An septième.

de cette campagne fut la perte d'une partie de la marine française dans le combat d'Aboukir, la reprise de l'île de Malte par les Anglais, la ruine totale de l'armée qu'on avait envoyée pour cette expédition, et du commerce du Levant. Buonaparte, après avoir joué quelques parades dignes des tréteaux des boulevarts, avec des beys et des derviches, dans une des pyramides du Caire, fut forcé de renoncer à tous ces rêves politiques, et s'échappa seul, pendant la nuit, pour retourner au port de Fréjus ou Saint-Tropez, laissant les débris de son armée, sous les ordres du général Kléber, se tirer de là comme ils pouvaient (1).

Ce fut pendant ce même temps que les armées de la République, affaiblies et presque entièrement désorganisées par l'impéritie et les dilapidations des chefs du gouvernement, furent créées de nouveau par le génie administrateur du général Bernadote, et qu'il prépara ainsi les degrés par où Buonaparte devait monter au pouvoir souverain. Les adulateurs du fugitif de l'armée d'Egypte, ne manquèrent pas, par la suite, d'attribuer à ce transfuge toute la gloire et

______

(1) Cette pasquinade du général Corse n'a été que le prélude de celle de Moscou.

tous les succès que la sagesse du ministre avait préparés dans le cabinet.

Sic vos non vobis, aratra fertis boves.

La Russie, qui, jusqu'à ce moment, n'avait pris aucun parti décisif, sentant la nécessité d'arrêter les usurpations du gouvernement français, entra dans la coalition comme auxiliaire de l'Autriche ; et les forces de ces deux puissances réunies enlevèrent dans une campagne, aux armées françaises, toute l'Italie, en moins de temps qu'elle n'avait été envahie.

Buonaparte reparut sur la scène quelque temps après ces revers, et, profitant des troubles qui agitaient le gouvernement, conçut le projet de s'emparer du pouvoir. Cependant les résultats du rétablissement des armées françaises, par les soins du général Bernadote, furent l'expulsion des Anglais de la Hollande, et ensuite la reprise de l'offensive par Massena contre les Russes. Moreau avait déjà arrêté les progrès des Autrichiens en Italie, avant que Buonaparte n'eût fait autre chose pour la République, que d'en envahir les pouvoirs. Par une fatalité inséparable des coalitions, Paul Ier, qui combattait pour l'Autriche, bientôt mécontent de ses procédés, l'abandonna à ses propres forces : elles étaient trop épuisées pour résister à des armées victorieuses. Les brillans succès de Moreau et de Buonaparte, en 1800, forcèrent l'empereur d'Autriche à signer la paix de Lunéville au commencement de 1801.

L'Angleterre, voyant qu'elle n'avait pu lui conserver la Belgique, et qu'elle perdait l'espoir dont elle s'était flattée, pour les intérêts de son commerce, d'en fréquenter les ports, n'ayant d'ailleurs plus aucune inquiétude sur ses possessions dans l'Inde et sur son commerce du Levant, après la nullité de l'expédition d'Egypte, fit sa paix en 1802, et cette paix singulière fut toute à l'avantage de la France : elle reconnut toutes ses conquêtes en Europe, et rendit toutes celles qu'elle avait faites dans les autres parties du monde, sans en exiger aucune compensation. Par cette dernière guerre, la France acquit le Comtat-Venaissin et la ville d'Avignon, la Savoie, Nice, Monaco, Genève, Mulhausen et l'évêché de Bâle, tous les Etats d'outre Rhin de l'Empire, depuis l'Alsace et la Lorraine jusqu'aux frontières de la Hollande, les Pays-Bas autrichiens, la Flandre hollandaise et les autres possessions des Provinces-Unies qui s'y trouvent enclavées : elle eut pour frontières l'embouchure de l'Escaut, le Rhin, le Jura et les

Alpes. Ces nombreuses conquêtes augmentant d'un quart la population de l'ancienne France, lui avaient acquis une prépondérance militaire, bien au-dessus de celle qu'elle avait eue dans les jours brillans du règne de Louis XIV. L'Espagne était aussi dévouée à la République française, qu'elle l'avait été à la monarchie ; les nouveaux gouvernemens de la Hollande, de la Suisse et des républiques Cisalpine et Ligurienne, étaient également attachés à la puissance qui les avait créés (et qui devait soutenir leur existence politique), comme autant de boulevarts propres à la défendre en première ligne.

La balance de l'Europe penchait tellement du côté de ce nouveau colosse, qu'il était douteux de pouvoir jamais la remettre en équilibre, et même de trouver aucune garantie contre le système de domination universelle dans lequel il s'avançait à pas de géant.

SECONDE SECTION.

Dix années de guerres contre une nation puissante, frappée du vertige fanatique de la liberté, avaient fatigué et découragé les gouvernemens qui avaient tenté d'arrêter la force de l'opinion par la force des armes. Toutes leurs tentatives n'avaient produit qu'un effet contraire à leurs intentions, et désastreux pour leurs intérêts : ils avaient manqué l'occasion de réduire cette effervescence, lorsqu'après avoir obtenu de grands succès dans la guerre de 1799, contre des armées désorganisées, ils n'avaient pas poursuivi leurs opérations militaires avec activité, en réunissant de bonne foi toutes leurs forces. S'ils eussent bien connu la faiblesse du gouvernement républicain, et l'état déplorable de ses armées, ils ne lui auraient sans doute pas donné le temps de se relever; ils étaient en mesure alors de faire pencher la balance de leur côté; mais il est connu que de pareilles ligues pèchent toujours par le défaut d'union et de bonne intelligence; les intérêts opposés et les passions en bannissent souvent la bonne foi et la loyauté :

c'est ce qui a retenu jadis les Grecs, pendant dix ans, sous les murs d'une ville qu'ils ont soumise dans la seule nuit où ils ont pu s'accorder sur les moyens.

La paix conclue par le traité de Lunéville laissa respirer le continent pendant quatre ans. Buonaparte avait pris le titre de premier consul de la République ; mais il fallait à son ambition un titre plus éminent et un pouvoir plus absolu et plus indépendant. Les républicains avaient proscrit la royauté ; le titre de roi était mal sonnant à leurs oreilles, et plus encore à leur conscience : le titre d'empereur paraissant plus propre à son orgueil, et plus éblouissant aux yeux de la multitude, semblait plus favorable à ses desseins ambitieux, en ce qu'il flattait également l'orgueil d'un peuple inconstant, ami de la nouveauté.

Mais ces intrigans, avide d'or et de dignités, que le peuple, peu clairvoyant, avait poussés au premier rang, et dont le crédit était perdu, ne pouvant pénétrer les vrais motifs qui dirigeaient l'ambition du premier consul, se défiaient des promesses contradictoires qu'il faisait secrètement aux différentes factions : avant de se prêter à cette nouvelle usurpation de Buonaparte, ils exigèrent de lui une garantie contre

le rétablissement de la maison de Bourbon sur
le trône de France ; ils craignaient avec raison
les suites d'une pareille révolution : et comme
leurs lois de circonstances avaient compromis
avec eux la moitié de la nation, et paralysé
l'autre moitié, ils étaient encore en majorité
d'opinions pour la conservation du système républicain : ou, s'ils désiraient un ordre monarchique, c'était à l'exclusion de cette dynastie
qu'ils avaient trop offensée pour n'en pas redouter les ressentimens. C'est à cette époque
où le caractère féroce du tyran se développa de
manière à leur présenter le plus funeste avenir ;
s'ils avaient eu le bon esprit de l'apercevoir, et
si l'intérêt et le bonheur du peuple eussent dirigé
leur conduite, que de maux ils nous auraient
épargnés !

Buonaparte n'avait à donner, pour cette garantie, que des crimes. En 1793, il avait assassiné
les Parisiens, pour rassurer les anarchistes sur
ses intentions ; en 1804, il assassina un prince
du sang royal, pour les rassurer sur ses projets.

Il se rendit coupable d'un crime d'autant plus
atroce, qu'il violait tout à la fois le droit des nations, et la sûreté individuelle des membres de
la société civilisée, et qu'il marquait hautement

son intention de fouler aux pieds le genre humain.

Au mois de mars de la même année, il fit enlever, par un détachement de troupes, le duc d'Enghien sur le territoire du duc de Bade, et le sacrifia à la sûreté de ses sicaires dans les fossés du château de Vincennes, au moment même de son arrivée, et sans lui accorder un instant pour se préparer à cet horrible sort.

Les circonstances de cette catastrophe auraient dû la faire considérer comme une déclaration de guerre à toutes les puissances du Nord, et attirer sur l'agresseur toutes les forces de l'Europe; mais l'Autriche et la Prusse gardèrent le silence; ce fut en vain que la Suède et la Russie indignées, tentèrent d'inspirer leur indignation à la Diète contre cet outrage fait à l'Empire: on mit faiblement en délibération un objet sur lequel il n'y avait pas à délibérer, et bientôt il n'en fut plus question.

Quelle était donc la politique de ces gouvernemens, et que leur fallait-il de plus pour leur montrer les dangers dont les menaçait la conduite d'un usurpateur?

Un sénat, composé des plus vils adulateurs de Buonaparte, tranquillisé par cet attentat, établit, sous sa dictée, une constitutiom impériale, et le proclama Empereur des Français, sous le nom de Napoléon 1er.

Les cours d'Autriche et de Prusse, toujours frappées de leur indifférence apathique, reconnurent ce nouvel ordre de choses sans aucune opposition.

Buonaparte, qui, en 1802, avait été élu président de la République cisalpine, se déclara Roi d'Italie en 1805, et, par cette nouvelle usurpation, anéantit l'existence de cette République, dont l'indépendance avait été garantie par le traité de Lunéville; elle changea alors le titre de République italienne contre celui de royaume d'Italie : cependant, l'Autriche ne voyant plus avec la même indifférence ce changement, qui attaquait trop ouvertement ce traité, différa de reconnaître Buonaparte en qualité de Roi d'Italie, et ce fut pour lui un motif de haine et de vengeance.

La politique de Buonaparte consistait à tirer parti de toutes lenteurs du cabinet d'Autriche et de Prusse, et de profiter du temps que lui laissait la paix pour affermir sa puissance par tous les moyens possibles, et pour continuer ses envahissemens et l'agrandissement de son Empire. C'était en pleine paix qu'il faisait des conquêtes, et la force de ses armées semblait avoir paralysé tous les obstacles qu'on aurait dû opposer à son ambition.

Au mois de juin suivant, il anéantit, par les mêmes moyens, les Républiques de Gènes (1) et de Lucques, qu'il incorpora à la France. Il réunit également à son Empire le Piémont et les Etats de Parme et de Plaisance. Par ces incorporations, il trompa l'espoir des Italiens, qui s'attendaient à la régénération de l'Italie par la réunion de toutes ses parties en un seul corps; décélant ainsi à toute l'Europe le projet de former une monarchie universelle sous sa domination.

Si Buonaparte n'eût pas été aussi fou dans ses idées de grandeur, s'il avait eu les notions les plus simples en politique, n'aurait-il pas borné son ambition à ce moment décisif, pour l'affermissement de la plus belle couronne de l'univers ? Jusqu'alors, la fortune avait secondé tous ses projets; un empire immense lui don-

____

(1) Ce fut alors que ce prétendu grand homme enleva le droit de franchise du port de Marseille, pour le transmettre à la ville de Gènes, le tout pour se venger d'une vitre cassée aux fenêtres de la maison qu'habitait Marie Lœtitia sa mère, par la malveillance de quelque polisson : cette vengeance dévoile l'homme.

nait les moyens inépuisables d'en maintenir toute l'intégrité; nulle puissance n'aurait osé prendre contre lui l'offensive, s'il n'avait manifesté que le désir de conserver ses conquêtes, et de rendre heureux tous les peuples qu'il avait subjugués; mais enfin l'Autriche, sortant de son apathie, connut, peut-être un peu tard, les dangers auxquels elle était exposée, et vers la fin de 1805, elle se mit en mesure de repousser de nouvelles agressions.

La paix d'Amiens, conclue en 1802 avec l'Angleterre, avait été rompue environ un an après sa conclusion. La restitution de l'île de Malte à l'ordre de St.-Jean, à laquelle les Anglais s'étaient soumis, n'ayant point été exécutée, devint le prétexte de cette rupture. L'Angleterre voulait se conserver un port dans la Méditerranée, dans le cas où ses vaisseaux seraient exclus des ports de l'Italie; elle soupçonnait les projets de Buonaparte sur le commerce du Levant, et sur l'augmentation de sa marine; elle avait plus à perdre pendant la paix, que dans l'état de guerre; le traité d'Amiens avait été entièrement à son désavantage; elle se hâta de réparer cette faute : d'ailleurs, elle était bien éloignée de voir indifféremment ce principe d'envahissemens qui la menaçaient d'une invasion dans son propre territoire, si Buonaparte avait le temps de profiter des immenses ressources de la France pour remonter sa marine.

Cette seconde guerre, que l'Angleterre a continuée sans relâche pendant dix ans, et toujours avec succès, a seule préparé la chute de Napoléon, que les deux tiers de l'Europe, dans l'asservissement le plus honteux, n'avaient cessé de redouter et d'admirer.

C'est l'Angleterre qui foudroya son escadre près d'Aboukir et de Trafalgar, qui arrêta ses conquêtes en Egypte, en Sicile, en Portugal et en Espagne ; c'est elle qui a replacé Ferdinand VII sur le trône, et qui, de concert avec la Russie, a rendu à la France ses souverains légitimes.

Buonaparte dépensa des sommes énormes pour préparer une descente en Angleterre ; pendant plus de deux ans il s'occupa de ces préparatifs ; Boulogne devint l'arsenal de cette entreprise et le camp de l'armée qu'il y destinait. C'est là où ce tyran, ignorant et absolu, fit périr quantité de braves marins par un effet de son caprice (1).

---

(1) Il avait été à Boulogne pour presser les préparatifs de la

Pour opérer une descente, il aurait fallu une marine capable de la protéger contre les forces navales d'Angleterre ; les revers successifs que celle de France avait éprouvés, avaient banni le pavillon français de toutes les mers : il fallut renoncer à une entreprise que l'anéantissement des flottes françaises rendait absolument impraticable. La nouvelle guerre contre l'Autriche obligea Buonaparte à porter de son côté les forces qu'il tenait rassemblées depuis long-temps au camp de Boulogne, et le réduisit à une guerre de douaniers contre l'Angleterre : il s'agitait de toutes les manières pour empêcher la contrebande de marchandises anglaises. Depuis long-temps il proposait cette mesure

------

descente, et voir par lui-même l'état des choses. Un jour que le vent était fort et la mer soulevée, il voulut se donner le spectacle d'un combat simulé entre tous ces petits bâtimens légers ; il donna l'ordre de sortir ; mais on lui en représenta vainement l'impossibilité ; il réitéra l'ordre du ton le plus absolu, en maltraitant les chefs qui osaient lui faire une observation aussi juste, mais qui contrariait sa volonté ; il fallut obéir : le mauvais temps eut bientôt dispersé la flotille, et culbuté plusieurs de ces chaloupes canonnières. On assure que plus de douze cents hommes périrent dans les flots, et qu'il avait lui-même couru les plus grands dangers.

à toutes les puissances maritimes, comme un moyen infaillible de forcer l'Angleterre à demander la paix, sous la condition de la liberté des mers; mais il n'était pas alors assez puissant pour leur en faire une loi : ce ne fut qu'en 1806 qu'il publia le décret de Berlin sur cette mesure, qu'il a nommé le système continental dans lequel il déclare obligatoires, pour tous les gouvernemens du continent, les prohibitions faites à ses propres sujets, ne leur laissant d'autre alternative que de rompre tout commerce avec l'Angleterre, ou d'être traités comme ennemis de la France. Ce décret a ruiné en France plus d'un million de familles; et ce fléau s'est étendu chez toutes les nations de l'Europe, qui redoutaient les incursions de Buonaparte : il semble que cet homme, dans l'excès de sa démence, croyait affaiblir son ennemi, en se baignant dans son propre sang.

On a vu, qu'à l'époque de son élévation, la France était en paix avec toutes les puissances de l'Europe, et que l'Angleterre n'aurait pas recommencé la guerre, si elle avait pu trouver dans la conduite de Buonaparte une garantie contre ses nouvelles agressions. Bien loin d'assurer par la modération cette garantie si nécessaire, il ne songeait qu'à s'agrandir par de

nouveaux envahissemens et de nouvelles pré-
tentions; et ce fut à tel point, que toutes les
nations eurent à craindre pour leur sûreté et
leur liberté. Rien n'était à couvert de son ambition; le moindre obstacle qu'on opposait à ses
rapines, était pour lui un motif de haine et de
vengeance.

Par des discours du style le plus barbare, il
cherchait à préparer les esprits à ses nouvelles
agressions; il calomnie avec audace les souverains qu'il veut attaquer; il suppose des faits
controuvés et des torts imaginaires dont la
France doit se venger : il finit par demander
des hommes et de l'argent; et le sénat accorde
tout, sans aucune observation sur la misère
publique.

Il part, et trois cent mille soldats courent la
poste avec lui; dans une campagne, il ravage
les pays neutres pour atteindre son ennemi, et
l'empereur d'Autriche est forcé à la paix. Par
le traité de Presbourg, il cède à Napoléon la
Souabe, le Tyrol, l'Etat de Venise et la Dal-
matie vénitienne.

Le résultat de cette guerre fut la nomination
des électeurs de Bavière et de Wurtemberg,
que Buonaparte voulut récompenser du titre de
roi, pour l'avoir servi contre leur souverain

légitime. Deux frères de Buonaparte furent ensuite placés, l'un sur le trône de Naples, et
l'autre fut nommé roi de Hollande. Il avait eu
soin de leur dicter une loi qui les tenait dans
une nullité absolue; ce n'était que des préfets
couronnés.

Au mois d'août 1806, il forma cette fameuse
confédération du Rhin, dont il se déclara protecteur; et l'empereur d'Autriche eut encore la
faiblesse de résigner sa dignité de chef électif
de l'Empire, et tous les droits qui y étaient
attachés.

La politique la plus astucieuse précédait et
suivait toujours les opérations de Napoléon.
Pendant qu'il traitait avec le roi de Prusse
l'échange de quelques-unes de ses provinces,
pour lesquelles il lui donnait le Hanovre, il
négociait en même temps avec l'Angleterre, à
qui il offrait de rendre le Hanovre. Il est évi-
dent qu'il n'engageait le roi de Prusse d'en
prendre possession, que pour le compromettre
avec l'Angleterre, au moment où il se proposait de l'attaquer lui-même. Quel affreux ma-
chiavélisme! Comme ce brigand se jouait de la
bonne foi et de la crédulité des rois et des
peuples!

Le caractère de cet homme n'était qu'une complication de vices ; son instinct était celui de toutes les bêtes féroces : son âme était le cloaque de tous les maux, ou plutôt il n'avait point d'âme, car il n'était capable d'aucun élan d'humanité. Le sang affreux qui coulait dans ses veines était un corrosif toujours prêt à tout détruire, à tout désorganiser, à tout bouleverser. Toutes les vertus lui portaient ombrage ; toutes les réputations estimables ne trouvaient en lui qu'un ennemi mortel ; tous les hommes clairvoyans l'épouvantaient : il craignait toujours d'en être connu et dévoilé. Il n'avait du guerrier que l'audace, et du monarque que l'habit. Ses actions étaient toujours en opposition avec ses paroles, et ses pensées n'avaient jamais eu d'interprète ; il les cachait à tout le monde : il était assez peu physiologiste pour croire que sa conduite ne les dévoilait point, et que tous ceux qui le flagornaient étaient ses admirateurs et ses dupes.

Il aurait sans doute cru indigne de la majesté d'un souverain, de dire un mot agréable à ceux qui l'entouraient, car ils n'ont reçu de lui que des duretés ou des insultes ; enfin, il crut que la grandeur consistait à voir tout au-dessous de soi : aussi donna-t-il ouvertement la preuve de ce travers, dans le mépris qu'il a constamment marqué pour tout le genre humain (1).

D'après un tel caractère, il est aisé de concevoir pourquoi Napoléon ne donnait sa confiance intime qu'à des êtres avilis et généralement méprisés; toutes ses démarches étant pour ainsi dire vicieuses ou criminelles, il lui fallait des hommes corrompus pour le seconder ou pour le servir : il a rendu très-malheureux les honnêtes gens que leur destin ou le besoin ont forcés d'entrer à son service. Combien d'excellens officiers n'a-t-il pas sacrifiés à sa basse jalousie, pour avoir montré des talens militaires qui au-

____

(1) Dans une séance de son conseil d'état, où il s'agissait de régler les cérémonies de son couronnement, il dit : « Si on plaçait l'autel au Champ de Mars, ce serait une » cérémonie populassière ; il est bien important que le » peuple de Paris ne se croye pas la nation. C'est se sou- » mettre aux brouhahas de la populace; cela n'est bon qu'au » commencement d'une révolution, où chaque partie » de la nation, chaque faubourg se dit et se croit le peu- » ple. » Cependant cet homme, qui méprisait tant les brouhahas du peuple, a fréquenté les halles et dépensé des sommes immenses pour obtenir des brouhahas en sa faveur, et jamais on a entendu que quelques misérables espions de police, qui criaient : *vive l'Empereur!* en courant devant sa voiture.

raient pu attirer les regards et l'estime de la nation! Il les exposait à des périls certains; c'était pour s'attribuer la gloire de la réussite, ou pour les disgracier après un mauvais succès, souvent inévitable (1). Aucun coin de la terre, aucun individu ne furent à couvert de sa tyrannie; les châteaux et les chaumières étaient également livrés à ses vexations, à son caprice ou à ses vengeances; il atteignit partout des victimes : la fortune du riche, le pain du pauvre, et leurs enfans, leur furent enlevés; quelque cachés qu'ils aient été, ses décrets tyranniques, ses sicaires barbares savaient les découvrir : le moindre refus, le plus petit retard étaient l'arrêt de leur ruine totale.

Qu'on vienne nous demander quels sont les talens militaires de Napoléon; nous n'avons que trois mots à répondre : Egypte, Moscou, Bérésina. Combien nous coûtent ses victoires? cinq millions de Français, la perte d'une génération. Ses deux dernières campagnes seules ont en-

____

(1) On agitait en son conseil, le Code criminel; après une longue péroraison, il termina ainsi : Combien de fois » ne m'a-t-il pas fallu sacrifier un bataillon pour sauver » l'armée ! » On peut ajouter à cela : Combien de fois n'a-t-il pas sacrifié l'armée pour se sauver tout seul ?

glouti dans les glaces du Nord treize cent mille hommes, deux milliards de numéraire, et tout le matériel des forces de terre et de mer qui existait en France. A quoi donc imputer ces désastres, si ce n'est à l'ignorance de cet orgueilleux imbécille, qui, au lieu de conduire avec sagesse et prévoyance des armées invincibles, les abandonne imprudemment à la force surnaturelle des élémens, pour se livrer à des puérilités ridicules, sous les ruines d'une pyramide ou d'un Kremlin?

Qu'on nous parle de sa prévoyance. N'a-t-on point vu ce chef suprême d'une grande nation, qu'il ruine pour la couvrir d'espions, entouré d'ennemis en pays étranger, ignorer absolument l'orage qui se prépare autour de lui, et ne s'en apercevoir qu'au moment où il éclate sur sa tête?

Qu'on lui accorde la présence d'esprit, les ressources du génie, et ces conceptions promptes comme l'éclair dans les positions difficiles; oui, sans doute, il en a : mais c'est pour sacrifier des armées couvertes de gloire, et se sauver lâchement, à couvert des nouveaux prodiges de valeur qui protègent sa fuite.

Quelle nation, quelle armée dans l'univers auraient eu la constance et la fermeté de sup-

porter si long-temps pareille tyrannie, de souf-
frir tant de maux, de résister à d'aussi longs et
si pénibles travaux, pour seconder l'ambition
d'un chef si méprisable? Français, votre courage et vos brillans exploits étaient dignes d'un
plus noble but et d'un plus brave chef. Vous
avez donné l'exemple le plus rare du dévoue-
ment à la patrie, et de la plus religieuse observation du serment de fidélité : vous avez mérité
les faveurs dont vous comble la Providence,
en vous délivrant du plus féroce des tyrans, et
vous rendant un monarque digne de vous com-
mander.

TROISIÈME SECTION.

Napoléon, ne paraissant s'occuper qu'à raf-
fermir sur sa tête la couronne qu'il venait d'usur-
per, occupait beaucoup les oisifs de la capitale,
par des projets d'embellissement et d'utilité
générale; et c'est là tout ce qu'il a fait de bien
dans le cours de son règne. Mais en même
temps, pour satisfaire tous les partis, et les

réunir par le même intérêt, il créa une infinité
de places administratives et judiciaires, en
établissant les droits réunis, les tribunaux, les
commissions extraordinaires de révision; il mul-
tiplia les agens secrets de la police, et les commis
de toutes les administrations ministérielles; il
créa les majorats; il prodigua les titres et les
dignités; enfin, il força tous les Français, riches
ou pauvres, nobles ou bourgeois, à désirer de
servir la chose publique, par leurs talens ou
leur industrie. Les hommes les plus probes, et
les moins partisans du système dominant, ne
purent éviter, sans danger, de servir un gouvernement qu'ils désapprouvaient; et les républicains, qui paraissaient les plus mécontens de
ce nouveau système, furent tous employés dans
les places les plus lucratives et les plus hono-
rables : c'étaient les os les plus volumineux
qu'il jetait à la gueule des chiens les plus affa-
més, pour les empêcher d'aboyer. On vit alors
les préfectures livrées à des membres de la con-
vention nationale, et les mairies occupées par
des citoyens estimables, anciens militaires, jadis décorés des ordres du Roi, qui servaient
gratuitement et avec zèle la cause du peuple,
pendant que leurs supérieurs, la plupart sortis
de la poussière révolutionnaire, ne servaient

que la tyrannie et les caprices de Napoléon, qui les payait grassement. A tous ces mouvemens intérieurs, se joignaient les conspirations, vraies ou supposées, qu'on déjouait avec beaucoup d'importance et de fracas ; ayant grand soin d'en grossir les circonstances, pour intéresser plus vivement l'esprit du peuple en faveur du nouvel empereur. Ce fut alors que la liberté de la presse ne fut plus employée, dans les journaux, que pour exalter les bienfaits du grand homme, et mentir avec la plus grande impudence, aux yeux de l'Europe, sur ses intentions pacifiques et bénévoles.

Après la paix de Tilsit, il fonda le royaume de Westphalie, pour y établir son frère Jérôme, et le lia à la confédération du Rhin. Il flatta la Pologne de son entier rétablissement ; il rétablit la République de Dantzick, et y maintint toutefois sa puissance, en y laissant une forte garnison. Cette ville était pour lui de la plus haute importance ; elle lui donnait un port sur la Baltique, et une forte place d'armes, et lui facilitait des passages à travers les Etats du roi de Prusse. Par cet arrangement, Napoléon ne pouvait plus trouver aucun obstacle pour l'empêcher de pénétrer jusques aux frontières de la Russie ; et ces conditions avaient été acquiescées par le cabinet de Saint-Pétersbourg, vers le mois de juillet 1807.

Napoléon avait déjà envahi les royaumes de Portugal et d'Etrurie, et avait enveloppé de ses intrigues et de ses troupes le royaume d'Espagne.

Par les machinations les plus infernales, il était parvenu à diviser la famille royale, et en attirer les membres à Bayonne; c'est là où il força Ferdinand VII d'abdiquer sa couronne, ne lui présentant d'autre alternative que sa renonciation à l'héritage de ses pères, ou la mort. Voilà comme il traitait ses plus chers alliés !

Après tous ces actes de la plus insigne mauvaise foi, quel souverain pouvait se flatter de n'être point sacrifié à son insatiable ambition, si toutefois il était assez crédule ou assez faible pour n'oser résister à ses fausses promesses ou à ses armes ? Il osa placer sur ce trône son frère Joseph, qu'il avait déjà assis sur le trône de Naples, et le remplaça en couronnant son beau-frère, Murat, roi des Deux-Siciles.

Voilà donc la dynastie de Buonaparte entièrement établie sur les trônes créés ou usurpés par le chef le plus audacieux dont l'histoire ait jamais fourni d'exemple. Mais il ne leur confiait ainsi le pouvoir souverain que sous le pacte secret de famille, qui ne faisait de tous ces rois que des esclaves couronnés.

Par la transaction arrachée à Ferdinand, à Bayonne, la nation espagnole était considérée comme un immeuble et des troupeaux, que le propriétaire peut vendre, à son gré, en rente viagère. L'assentiment de la nation parut inutile à l'acquéreur, et ce fut cette exclusion qui rompit ensuite toutes ses mesures, et alluma la guerre qui devait accélérer sa chute. Pendant près de sept ans, qu'a duré cette guerre, les troupes françaises et alliées, et les trésors de Napoléon, se sont ensevelis dans ce gouffre, et n'ont produit d'autre effet que la honte de l'agresseur, et la gloire de la nation espagnole.

L'Autriche, moins heureuse, fut toujours vaincue et forcée à des sacrifices pour obtenir la paix. Le plus douloureux, sans doute, fut le mariage conclu entre une princesse de cette maison et Napoléon. Il ne peut tomber sous les sens qu'une telle alliance ait été consentie avec joie, par le père et la mère de l'archiduchesse, et que ce ne fût un sacrifice bien pénible que l'empereur d'Autriche crut devoir faire à la tranquillité de son empire et au repos de ses peuples. C'est ce qu'il a avoué depuis, dans une déclaration qu'il a faite à Paris. Cette union, presque monstrueuse, aurait pu devenir le sceau de la paix générale, si Buonaparte, rassasié de grandeurs, avait pu l'être de conquêtes; nulle puissance ne pouvait désormais balancer les forces des deux empires réunis par les liens du sang et par des traités établis sur des bases mieux fondées, entre le gendre et le beau-père, et religieusement observés. Par ce mariage, les usurpations de Napoléon, et tous les forfaits politiques qui les avaient préparées ou accompagnées, étaient en quelque sorte justifiés aux yeux des peuples; en renonçant à la folie de tout réduire sous sa domination, il les aurait fait oublier, mais l'ennemi mortel de tout le genre humain ne voyait d'autre aliment à sa gloire que le sang, et d'autre terme à son ambition que la monarchie universelle. Heureusement pour le monde, il voulut essayer la réunion de ces forces, en attaquant la seule puissance qui pût lui résister.

La Russie était entrée dans les coalitions contre la France pendant trois fois, comme auxiliaire, et toujours sans en attendre d'autre gloire que celle de pacifier l'Europe, et de la prémunir contre la doctrine du système républicain. Paul Ier. s'en était retiré, d'après les sollicitations particulières de Buonaparte, qui le berçait des plus astucieuses flatteries; mais il fallait à Alexandre des motifs plus spécieux pour l'engager à la neutralité : l'Allemagne considérait ce jeune et magnanime souverain comme le plus puissant protecteur de la liberté des nations. Napoléon lui exposa que la prépondérance maritime des Anglais causait uniquement les maux qui pesaient sur tous les peuples de la terre; que l'envahissement de toutes les colonies et du commerce de France l'avaient forcé à s'agrandir, pour ne point tomber au pouvoir de ses ennemis éternels, et qu'il n'y avait d'autre moyen de reconquérir la liberté des mers, que l'exclusion la plus sévère des vaisseaux et du commerce des Anglais de tous les ports de l'Europe; que l'industrie des peuples du continent suppléerait bientôt aux inconvéniens de ce système, et qu'enfin l'union des deux puissances prépondérantes deviendrait la garantie la plus sûre de la paix générale.

Depuis plusieurs années, Buonaparte avait eu grand soin de faire publier, par ses écrivains à gages, que ce système produirait la ruine prochaine des manufactures et du commerce de l'Angleterre; et la banqueroute publique devait bientôt exciter l'insurrection et le renversement de son gouvernement. Mais ces es-

5 *

pérances ne s'étant réalisées en aucun point, il eut la maladresse d'en renvoyer l'époque à trente ans de distance; et pour réparer le désordre de ses finances, causé par cette stagnation totale du commerce, qui pesait entièrement sur la France, il donna des licences aux vaisseaux anglais, pour s'approprier le commerce de contrebande, et remplir ses coffres par un monopole privilégié.

L'empereur de Russie, qui avait adopté de bonne foi un système aussi ruineux pour ses états, qu'il l'était pour la France, aurait eu raison de se formaliser de cette infraction aux engagemens qu'elle avait contractés, et même de se plaindre d'une infinité d'autres griefs. Il se contenta de rétablir sa neutralité, et quelques faibles parties de ses anciennes relations commerciales avec l'Angleterre, après avoir fait, pendant plusieurs années, le sacrifice inutile de son commerce extérieur.

Napoléon rassemble toutes ses forces et celles de ses alliés, et, sous le prétexte d'admission prohibée des vaisseaux anglais, dans les ports de la Russie, il mène six ou sept cent mille combattans dans le cœur de cette nation, pour se venger du crime d'avoir voulu prendre du café, et de s'habiller avec de la percale.

C'est là où la fortune, plus juste qu'inconstante, attendait le bourreau du genre humain pour lui donner la leçon d'humanité la plus terrible, mais malheureusement la plus inutile. C'est à Moscou, du haut des tours du Kremlin, qu'au lieu de frémir de l'immense incendie qui l'environnait de toute part, au lieu d'écouter les cris de sept cent mille habitans, fuyant de tout côté le fer et le feu, et cherchant dans le désert des forêts un abri contre la fureur du soldat, au lieu de redouter les frimas du pôle qui s'avançaient rapidement pour consommer la destruction de sa nombreuse armée, il rêve que les comédiens n'ont point encore reçu de constitution, que cette république est digne d'être incorporée à l'Empire; il proclame un décret, daté de Moscou, du Kremlin! Peut-on manifester tout à la fois plus d'orgueil, plus d'inhumanité, plus d'imprévoyance et d'ineptie!!!! N'est-ce point l'excès de la démence, que de se jouer ainsi de toutes les considérations et de tous les droits sacrés de l'humanité? Peut-on enfin porter à ce point l'oubli de tous ses devoirs, sans donner à penser qu'on a perdu la raison?

Si l'horrible catastrophe qui fut la suite de cette farce ridicule, et toutes les circonstances de son séjour à Moscou, avaient pesé sur le cœur corrompu de cet homme monstrueux, aurait-il pu survivre aux maux affreux dont il était l'unique cause, ou du moins le remords et la réflexion n'auraient-ils pas mis un frein à son orgueilleuse ambition ? Il est inutile de rappeler ici les détails de cette funeste campagne, ils sont assez connus pour prouver à tous les bons esprits que Napoléon n'avait jamais été doué des qualités les plus indispensables à un général, et encore moins à un conquérant; qu'il n'a dû ses succès qu'à la bravoure des soldats français et des troupes alliées qu'il commandait, et aux vrais talens militaires de ses généraux; qu'il n'a détruit sa puissance que par l'incohérence de ses idées de grandeur, destructives de tout esprit d'ordre et de prévoyance dans ses opérations. Il a cru pouvoir donner le mouvement actif d'un bataillon à un corps d'armée de six cent mille hommes; il n'a pas pensé que ce nombre immense d'hommes ne se nourrissait point avec de la neige, et que le train munitionnaire, pour une telle armée, ne pouvait s'établir d'avance dans un désert de six cents lieues d'étendue, dépourvu de tout moyen de subsistance : le moindre caporal n'eût pu commettre une faute aussi grave, sans se rendre coupable d'un crime digne de mort.

Cependant, Napoléon a su se ménager des secours, et une fuite des plus criminelles, abandonnant l'élite des nations à des maux inouis, et à la mort la plus cruelle; il revient tranquille dans son palais, pour lever le reste de la génération française, et armer des enfans pour recommencer la guerre ! Il puise dans toutes les bourses le peu qui reste pour les premiers besoins des familles; il enlève aux vieillards les plus jeunes soutiens de leurs derniers ans, et retourne en Allemagne pour y dévorer les dernières gouttes du sang français.

Cette dernière agression éveille enfin tous les souverains de l'Europe sur leurs véritables intérêts; tous sentent à la fois la nécessité d'opposer une digue impénétrable à ce torrent dévastateur : le temps de la vengeance céleste est arrivé.

L'Angleterre , depuis dix ans , donnait l'exemple de la persévérance dans le soutien de l'Espagne et du Portugal , et faisait à la France la guerre la plus désastreuse et la plus funeste; ses flottes bloquaient tous nos ports , et détruisaient le commerce intérieur du cabotage, après avoir anéanti le commerce extérieur par la conquête de toutes les colonies. Toutes les puissances continentales se réunirent enfin de bonne foi

(40)

pour frapper un coup décisif. Les empereurs
de Russie et d'Allemagne, le roi de Prusse, la
Suède et les princes confédérés se joignirent à
l'Angleterre, et la France fut inondée de soldats étrangers. Cette ligne formidable, qui ne
combattait que pour la paix du monde, trouva
une résistance opiniâtre dans l'esprit de Napoléon; les Français, écrasés dans leur commerce
et leur finance, désiraient ardemment cette
paix salutaire. Napoléon assembla, pour la
forme, le corps législatif; il voulut avoir l'air
de lui communiquer l'état des choses, non pour
le consulter sur la paix, mais seulement pour
en exiger des subsides et une levée en masse.

Des hommes timorés osèrent voter pour la
paix; Napoléon les maltraite, les menace de
ses vengeances, et dissout l'assemblée. (1) Il

---

(1) La réponse de Napoléon, au rapport de la commission extraordinaire du corps législatif, dans la séance
du premier janvier 1814, est un monument à conserver
dans les archives de la tyrannie; la voici toute entière.

Messieurs les Députés,

Je vous ai appelé autour de moi pour faire le bien :
vous avez le fait mal. Vous avez parmi vous des gens dé-

les congédie, et leur ordonne de retourner dans leur département, où, sans doute, ses ordres sanguinaires les auraient attendus.

---

voués à l'Angleterre, à l'étranger, qui correspondent avec le prince régent par l'entremise de l'avocat Deseze. Les onze-douzièmes parmi vous sont bons ; les autres sont des factieux. Retournez dans vos départemens ; je suivrai de l'œil ceux qui ont de mauvaises intentions. Vous avez cherché à m'humilier ! Je suis un homme qu'on peut tuer, mais qu'on ne saurait déshonorer. Quel est celui d'entre vous qui pourrait supporter le fardeau du pouvoir ? Il a écrasé l'assemblée constituante qui dicta des lois à un monarque faible. Le faubourg Saint-Antoine vous aurait secondé, mais il vous eût bientôt abandonné... Que sont devenus les Jacobins, les Girondins, les Vergniaux, Guadet et tant d'autres ? Ils sont morts. Vous avez cherché à me barbouiller aux yeux de la France, c'est un attentat. Qu'est-ce que le trône, au reste ? Quatre morceaux de bois dorés recouverts de velours ; et moi aussi, je suis sorti du peuple, et je sais les obligations que j'ai contractées. Ce n'était point au moment où les étrangers occupent nos provinces, et que deux cent mille Cosaques sont près d'inonder nos plaines, qu'il fallait faire des remontrances. Je sais qu'il y a eu des abus, et jamais je n'ai souffert ceux que j'ai connus. M. Renouard a dit que le prince Masséna avait volé la Bastide à Marseille, il a menti ; le général a pris possession d'une maison vacante et le ministre fera indemniser le propriétaire. Humilie-t-on ainsi un maréchal de France qui a versé son sang et blanchi sous la victoire..... Je vous avais indiqué un co-

Quel était donc le crime du corps législatif, pour avoir mérité cette sévérité de la part de Napoléon ? Il avait suivi les lois de son institu-

---

mité secret ; c'était là qu'il fallait représenter vos doléances, établir des faits. Je vous aurais rendu justice. C'était en famille qu'il fallait laver notre linge et non sous les yeux du public. J'ai été appelé deux fois au trône par le vœu de vingt-quatre millions de Français. J'ai un titre, vous n'en avez pas. Qu'êtes-vous dans la constitution ? vous n'êtes rien. Vous n'avez aucune autorité. C'est le trône qui est la constitution, tout est dans le trône... On a mêlé l'ironie aux reproches ; suis-je fait pour être humilié ! Je sais supporter l'adversité avec noblesse. Vous me demandez des concessions que mes ennemis même ne me demanderaient pas ; s'ils me demandaient la Champagne, vous voudriez que je leur cédasse la Brie... Dans quatre mois j'aurai la paix, et les ennemis seront chassés ou je serai mort. Vous appartient-il de délibérer sur de si graves intérêts..... Je vous le répète, vous avez parmi vous des factieux : ne sais-je pas combien il est facile de remuer une grande assemblée : l'un se met là, l'autre ici, et la délibération est conduite par des agitateurs. Au lieu de nous réunir tous, vous nous avez désunis. Vous m'avez mis seul en face des étrangers, en disant que c'est à moi seul qu'ils font la guerre ; c'est une atrocité.

Vous vous dites les représentans de la nation, mais vous n'êtes que les députés au corps législatif. Vous avez éloigné les gens qui tiennent au gouvernement dans vos nominations ; cela ne prouve-t-il pas de mauvaises intion, en se formant en comité général pour délibérer sur la réponse à faire aux communications de l'Empereur, qui avaient un autre

---

tentions? Vous avez nommé votre commission extraordinaire, celle des finances, celle de l'adresse, et vous avez choisi mes ennemis.

M. Lainé, je le répète, est un méchant homme; les autres sont des factieux. Je rends justice aux onze-douzièmes, qui, je l'ai dit, sont bons; mais je connais les méchans, et je les poursuivrai. Je vous le demande : était-ce pendant que les ennemis sont chez nous, qu'il fallait faire de pareilles choses? La nature m'a doué d'un courage fort; il peut résister à tout. Il en a beaucoup coûté à mon orgueil..... Je l'ai sacrifié; mais je suis au-dessus de vos misérables déclamations. J'avais besoin de consolation et vous m'avez déshonoré.... Mais, non; mes victoires écrasent vos criailleries.

J'attendais que vous seriez réunis d'intention et d'efforts pour chasser l'ennemi, vous l'avez appelé. J'avais conclu la paix en acceptant les conditions de l'ennemi, et c'est vous qui l'avez fait changer. J'aurais perdu deux batailles que cela n'eût pas fait plus de mal à la France. Sous trois ou quatre mois nous aurons la paix, et vous vous repentirez de votre mauvaise conduite. Je suis de ces gens qui triomphent ou qui meurent. Je porte dans mon cœur les onze-douzièmes d'entre vous.

Retournez dans vos départemens. Je ferai quelque jour imprimer le rapport de votre commission, et il sera jugé ce qu'il est. S'il paraît dans vos départemens, je le ferai objet que le vote de la loi. Il s'était conformé en cela à l'article 3o du sénatus-consulte du 28 frimaire, qui lui prescrivait cette forme d'observation. Ensuite, quel fut l'objet de la délibération? Une adresse à l'Empereur, pour l'engager à déclarer au corps législatif ses intentions sur les propositions de paix qui lui avaient été faites par les puissances alliées, et qu'il lui avait soumises, en lui demandant une levée en masse, sans lui en indiquer l'emploi ni la destination. Voilà le sujet de cette sortie indécente et absurde, contre la douzième partie des membres du corps législatif, qui n'avaient rempli qu'un devoir, que les onze-douzièmes leur avaient

---

imprimer dans le Moniteur, avec des notes. Je ferai nommer les députés des deux séries qui manquent, et je réunirai le corps législatif. Les habitans de l'Alsace et de la Franche-Comté ont un meilleur esprit que vous ; ils me demandent des armes, je leur en fait donner. Je leur envoie mes aides-de-camp pour les conduire en partisans (*).

(*) Quel discours aux représentans d'une grande nation ! Toutes les passions les plus violentes, les plus féroces y sont développées. Le tyran le plus vindicatif, le plus minutieusement jaloux, défiant, inquiet et absolu, y donne l'essor à sa colère ; il fait cependant tous ses efforts pour la concentrer et même la cacher sous le voile de l'intérêt de l'Etat ; mais elle perce à travers ses mensonges et ses orgueilleuses jactances.

imposé. Leur rapport a été imprimé, il est connu généralement; il ne peut qu'honorer la commission qui l'a rédigé : elle est digne de parler à des souverains d'un autre caractère que celui de Napoléon. A quel excès de vengeance ne se fût-il pas livré contre ces estimables citoyens, si la fortune ne l'eût entièrement abandonné à sa nullité !

QUATRIÈME SECTION.

On a cité les victoires nombreuses de Napoléon comme les faits d'armes les plus glorieux et les plus extraordinaires, et ses adulateurs n'ont cessé de lui en attribuer toute la gloire et tout le mérite. Tout le monde sait à quoi s'en tenir sur ces succès multipliés.

Placez cet aventurier dans un Etat où il n'eût pu avoir, comme il le disait, trois cents mille hommes de revenu, et dont les armées eussent été bornées au recrutement ordinaire, dans une position où il n'eût pu envahir la fortune des peuples, il ne peut être douteux que sa première campagne, dévorant toutes ses forces, aurait été le terme de ses exploits et de son règne, car il n'était organisé que pour la destruction et le brigandage; il n'avait aucune des qualités morales qui constituent les monarques.

Sa conduite envers le chef de l'Eglise est une de ces monstruosités que n'aurait osé se permettre le soldat le plus dépravé. Il veut le forcer à une renonciation des Etats ecclésiastiques, comme il avait forcé Ferdinand VII à celle de l'Espagne. Pie VII répondit : « Les domaines de » Saint-Pierre ne sont pas ma propriété, ils » appartiennent à l'Eglise, et je ne peux con-» sentir à aucune cession; au reste, dites à » votre Empereur que si, pour mes péchés, » je ne dois pas retourner à Rome, mon suc-» cesseur y retournera triomphant malgré tous » les efforts du gouvernement français ». Cette fermeté du S. Père ne fit qu'aggraver ses prétendus torts envers Napoléon, qui le fit enlever de Fontainebleau vers la fin de janvier, ainsi que tous les cardinaux qui s'étaient rendus auprès de lui, et le fit voyager du côté d'Orléans, sous le nom d'évêque d'Imales. Chaque cardinal fut transféré dans une différente destination.

Cet enlèvement n'était pas le seul outrage qu'il se fût permis contre ce respectable chef de la religion; dans les débats qui s'étaient élevés entre eux, pour des motifs qu'il est inutile de rappeler, on assure que Napoléon s'était porté contre le Pape à des excès de brutalité, indignes d'un homme même de la plus basse extraction.

Cela ne doit point étonner, en considérant la manière dont il avait traité sa famille, et tous ceux qui le servaient avec zèle ; n'avait-il pas destitué son frère Louis pour n'avoir pas été assez bon douanier dans son royaume de Hollande ! Combien d'habiles généraux n'éprouvèrent-ils pas ses brusqueries et ses insultes, pour avoir voulu lui faire des observations sages et utiles dans des momens critiques pour le sort de ses armes !

Qu'on cite un homme, parmi tous ceux dont il retirait les services les plus signalés, qui n'ait à se plaindre de son ingratitude et de sa brutalité ! Prodigue de l'or des Français, pour le faste de sa maison et les douceurs de sa personne, a-t-il jamais daigné laisser tomber un regard de compassion sur la chaumière du pauvre ? Quelle a été sa bienfaisance ? Il donnait des titres et des richesses à tous ceux qui pouvaient flatter son orgueil par un luxe imposant ; mais ne les obligeait-il pas à dépenser au-delà de ce qu'il leur donnait ? Il fit travailler le peuple, en érigeant de grands monumens; mais il ne travaillait en cela que pour repaître son orgueil; son nom et son buste, répétés sur chaque pierre de ces édifices, ne le démontraient-ils pas évidemment ? Toutes ses actions, tous ses discours, toutes ses entreprises se rapportaient entièrement à lui; il voulait éblouir la multitude, et agrandir son domaine; la suprématie universelle, rien au-dessus de lui : voilà son unique but, ou plutôt sa folie.

Il n'a que trop marqué son mépris pour les rois et les peuples de la terre, par sa conduite envers tous ceux qu'il a asservis, soit en abusant de leur confiance, soit en leur faisant la guerre la plus injuste. Il attire Charles IV en France; il lui fixe un traitement : nous avons vu ce monarque forcé de vendre ses équipages, et de congédier sa suite, parce que Napoléon, qu'il avait appelé son ami, le laissait manquer du traitement convenu.

Il a bien plus maltraité sa famille, en gardant prisonnier Ferdinand, depuis sa sortie d'Espagne, jusques au moment de la révolution qui l'a replacé sur le trône, et en faisant renfermer la reine d'Etrurie au château St.-Ange, pour ne pas lui payer la pension alimentaire à laquelle il s'était engagé envers cette princesse.

On pourrait citer une longue série de faits qui feraient connaître plus profondément la turpitude de son esprit, l'impassibilité de son âme et sa crapuleuse immoralité; mais, outre le dégoût que provoque un examen de ce genre, la décence ne permet point à une plume délicate de se souiller de pareils détails : assez d'écrivains ont aiguisé les traits de la satire contre cet homme extraordinaire, assez de pamphlets virulens ont laissé voir des vérités dégoûtantes à travers des injures plus dégoûtantes encore.

Les derniers momens de son existence politique ont trop dévoilé la lâcheté de son caractère, et la bassesse de son orgueil, pour chercher d'autres preuves de tous les vices et de la dépravation qu'on lui a imputés. Le héros meurt au champ d'honneur lorsque la prolongation de sa vie peut le déshonorer; mais l'homme immoral, souillé de crimes inutiles à son ambition, est trop attaché à la vie pour risquer de la perdre en héros. Les puissances qui l'ont dépouillé des moyens de bouleverser l'Europe, se sont respectées elles-mêmes, en traitant avec lui dans cette dernière circonstance, et voulant oublier les maux qu'il leur avait causés. On ne

sera point fâché de trouver ici ce dernier traité
entre ces puissances coalisées victorieuses , et
cet aventurier célèbre réduit à abdiquer une
couronne que le sang de six millions de victimes
n'avait pu assurer sur sa tête.

POST-FACE.

J'AVAIS entrepris cet opuscule, lorsqu'une foule d'écrits sur le même sujet circula tout à coup après la chute de Buonaparte. Quelques-uns d'entre eux étaient dignes de piquer la curiosité; mais le grand nombre n'était que des diatribes insipides.

Un mémoire intitulé : *Sur le Système continental*, *etc.* (1), me parut mériter d'être lu. Cet ouvrage, imprimé à Stockholm au mois de février 1813, traite, avec beaucoup d'intérêt, les événemens antérieurs à la dernière coalition, qui a déterminé la déchéance de Napoléon. Les lecteurs curieux de suivre les causes et les effets des grands changemens survenus dans le système politique de l'Europe, trouveront dans cet ouvrage des détails intéressans, sur des objets que je n'ai qu'esquissés. J'ai été obligé de me circonscrire dans un simple exposé des faits, qui peuvent donner à connaître le caractère et

______

(1) Par M. Schlegel ; Paris, 1814.

la conduite politique de ce singulier person-
nage, qui aurait pu subjuguer l'Europe, s'il eût
réuni à son audace et à son ambition, une grandeur d'âme et un génie de prévoyance, dont il
fut loin d'être doué ; il était né pour le malheur
du monde : il ne doit sa célébrité militaire
qu'au courage des armées françaises ; son élévation qu'aux terreurs du parti républicain, à
la bassesse de ses flatteurs et à ses crimes, et
enfin, sa chute honteuse qu'à sa folie et son
excès d'orgueil.

PAR S. M.

TRAITÉ

ENTRE L'EMPEREUR NAPOLÉON

ET LES

PUISSANCES COALISÉES.

Article premier.

Sa Majesté l'empereur Napoléon renonce, pour lui, ses successeurs et ses descendans, ainsi que pour tous les membres de sa famille, à tout droit de souveraineté et de domination tant sur l'Empire français que sur le royaume d'Italie et tout autre pays.

II. L'empereur Napoléon et l'impératrice Marie-Louise conserveront leurs titres et rangs pour en jouir pendant leurs vies; la mère, les frères, sœurs, neveux et nièces de l'Empereur conserveront aussi, en quelques lieux qu'ils résident, les titres de princes de sa famille.

III. L'île d'Elbe, que l'Empereur a choisie pour sa résidence, formera, pendant sa vie, une principauté séparée qu'il possédera en toute souveraineté et propriété; il sera en outre accordé en toute propriété à l'empereur Napoléon, un revenu annuel de deux millions de francs qui sera porté comme rente sur le grand livre de France, de laquelle somme un million sera réversible à l'Impératrice.

IV. Les duchés de Parme, Plaisance et Guastalla seront donnés en toute propriété et souveraineté à Sa Majesté l'impératrice Marie-Louise; ils passeront à son fils et à ses descendans en ligne directe : le prince son fils prendra à l'avenir le titre de prince de Parme et de Guastalla.

V. Toutes les puissances s'engagent à employer leurs bons efforts auprès des Etats barbaresques pour faire respecter le pavillon de l'île d'Elbe; et, à cet effet, les réclamations avec ses Etats seront assimilées à celles de la France.

VI. Il sera réservé dans les territoires auxquels il est par le présent renoncé, à Sa Majesté l'empereur Napoléon, pour lui et sa famille, des domaines ou des rentes sur le grand livre de France, produisant un revenu, libre de toutes charges et déductions, de deux millions cinq cent mille francs. Ces domaines ou rentes appartiendront en toute souveraineté aux princes et princesses de sa famille qui pourront en disposer comme ils le jugeront à propos ; ils seront partagés entr'eux de manière à ce que chacun d'eux ait le revenu suivant :

A Madame Mère	3oo,ooo fr.
Au Roi Joseph et sa femme .	5oo,ooo fr.
Au Roi Louis	2oo,ooo fr.
A la Reine Hortense et à ses enfans	4oo,ooo fr.
Au Roi Jérôme et à sa femme .	5oo,ooo fr.
A la Princesse Eliza Bacciochi.	3oo,ooo fr.
A la Princesse Pauline Borghèse	3oo,ooo fr.
	2,5oo,ooo fr.

Les princes et princesses de la maison de l'Empereur retiendront en outre leurs propriétés mobiliaires et immobiliaires, de quelque nature qu'elles soient, qu'ils posséderont par droit public et individuel et les rentes dont ils jouiront aussi comme individus.

VII. La pension de l'Impératrice Joséphine sera réduite à un million en domaines ou inscriptions sur le grand livre de France ; elle continuera de jouir en toute propriété de ses propriétés personnelles, mobiliaires et immobiliaires, avec faculté d'en disposer conformément aux lois de France.

VIII. Il sera formé un établissement convenable en France au prince Eugène, vice-roi d'Italie.

IX. Les propriétés que l'empereur Napoléon possède en France, soit comme domaines particuliers attachés à la couronne, les fonds placés par l'Empereur, soit sur le grand livre de France, soit à la banque de France, en actions ou forêts, ou de toute autre manière que Sa Majesté abandonne à la couronne, seront réservés comme un capital qui n'excédera pas deux millions, pour être employés en gratifications aux personnes dont les noms seront portés sur une liste signée par l'empereur Napoléon, et qui sera transmise au gouvernement français.

X. Tous les diamans de la couronne resteront en France.

XI. Sa Majesté l'empereur Napoléon remettra au trésor public et autres caisses, toutes les sommes qui en auraient été prises par ses ordres, à l'exception de ce qui a été approprié à la liste civile

XII. Les dettes de la maison de l'empereur Napoléon telles qu'elles existaient le jour de la signature du présent Traité, seront payées sur l'arriéré ou par le trésor public à la liste civile;

d'après l'état d'une commission qui sera nommée à cet effet.

XIII. Les obligations du mont Napoléon, à Milan, Mont-de-Piété, Pann Brocker, envers les créanciers français ou étrangers, seront acquittés, à moins qu'il n'en soit convenu autrement par la suite.

XIV. Tous les passe-ports nécessaires seront donnés pour laisser passer librement Sa Majesté l'empereur Napoléon, l'Impératrice, les princes, les princesses, et toutes les personnes de leurs suites qui voudraient les accompagner ou s'établir hors de France, ainsi que pour les équipages, chevaux et effets; en conséquence, les puisances alliées fourniront des officiers et des troupes pour l'escorte.

XV. La garde impériale française formera un détachement de douze à quinze cents hommes de toutes armes, pour servir d'escorte à l'empereur Napoléon jusqu'à Saint-Tropez, lieu de son embarquement.

XVI. Il sera fourni une corvette et les bâtimens nécessaires pour transporter l'empereur Napoléon et sa maison; la corvette appartiendra en toute propriété à Sa Majesté l'empereur Napoléon.

XVII. Quatre cents hommes de la garde impériale volontaires, soldats ou officiers, iront avec l'empereur Napoléon.

XVIII. Les Français qui suivront l'empereur Napoléon ne perdront pas le titre de Français pendant trois années.

XIX. Les troupes polonaises de toutes armes auront la liberté de retourner dans leur patrie, auront protection, et conserveront décorations, pensions, propriétés, grades, effets, etc.

XX. Les hautes puissances alliées garantissent l'exécution du présent Traité, et s'engagent à obtenir qu'il soit garanti par la France.

XXI. Le présent Traité sera ratifié et échangé à Paris dans deux jours.

Fait à Paris, le 5 avril 1814.

Signé METTERNICH, STADION, RASOWMOUWSKY, NESSELRODE, CASTELLEREAGH, HARDENBERG, NEY et CAULINCOURT.

Ratifié, ALEXANDRE, FRANÇOIS, F. GUILLAUME, le prince RÉGENT et NAPOLÉON.